Leo & Co.

Der Jaguar

INHALT

DIE HAUPTPERSONEN DIESER GESCHICHTE:

Leo
Leo ist Maler, aber er ist auch ein leidenschaftlicher Koch. Seine Kneipe „Leo & Co."
ist ein gemütliches Lokal, in dem man gut
und preiswert essen kann.

In dieser Geschichte macht Leo mit seinem
Freund Klaus eine Woche Ferien in den
Bayerischen Bergen. Aber Bergwandern ist
anstrengend und es gibt bald Missverständ-
nisse. Gut, dass Leo vom Gipfel den Über-
blick behält!

Klaus Meier
Klaus Meier ist Leos bester Freund. Zusammen mit seiner Tochter Veronika hat er die
KFZ-Werkstatt „Meier & Meier".
Wandern, Joggen, Radfahren – Klaus Meier
liebt Bewegung in frischer Luft, aber anderen wird das manchmal ein bisschen zu viel.

Veronika Meier
Veronika lebt und arbeitet bei ihrem Vater. Ihre
kleine Tochter Iris erzieht sie allein. Meiers essen
fast jeden Tag bei „Leo & Co."

Während Klaus und Leo in den Bergen wandern,
ist sie die Chefin in der Werkstatt. Zum ersten
Mal. Und ausgerechnet jetzt wird aus der Werkstatt ein sündteurer Jaguar geklaut.

Ralf

Ralf ist Mechaniker bei „Meier & Meier". Seine Spezialität sind Oldtimer.

Ein Kunde braucht für eine Rallye ganz schnell seinen Jaguar E-Type und bringt ihn zur Inspektion. Kein Problem für Ralf, von diesem Auto hat er schon als kleiner Junge geträumt. Klar, dass er nach der Reparatur eine kleine Probefahrt machen möchte ...

Herr Wagner

Herr Wagner möchte mit seinem Jaguar E-Type die Sommer-Rallye vom Oldtimer-Club mitfahren. Davor muss das Auto zur Inspektion. Sein Freund Leo empfiehlt ihm die Werkstatt „Meier & Meier". Die repariert Oldtimer und hat dazu noch einen ganz besonderen Service ...

Anna

Anna ist Studentin und jobbt in Leos Kneipe. Sie wohnt bei ihrer Oma Gertrude Sommer.

Leo wandert in den Bergen, Anna organisiert in dieser Zeit die Kneipe und einiges mehr.

„Dring! Dring!"
„Gehst du ran?" Veronika Meier liegt unter einem Auto und ruft ihren Vater.
„Ja!" Klaus Meier wischt die Hände ab und nimmt das Telefon.

3
●Ü1
●Ü2

Veronika ist fertig und kommt unter dem Auto hervor.
Ihr Vater steht am Fenster und sieht in den Hof.
„Was ist los, Paps?"
„Ausgerechnet jetzt möchte ein Kunde, dass wir seinen Jaguar checken."
„Und? Wo ist das Problem?"
„Ich fahre morgen mit Leo in die Berge und wir kommen erst in einer Woche wieder."
„Was für ein Jaguar ist es denn?"
„E-Type, Roadster, von 63."
„Klasse! Das ist doch Ralfs Spezi-alität! Fahrt ihr ruhig in die Berge, wir machen das schon."
„Meinst du? Ist das nicht zu …"
„Papa!" Wenn Veronika energisch ist, sagt sie immer Papa – mit Betonung auf dem zweiten A.

„Wo ist Ralf eigentlich?"

„Der hat sich heute Nachmittag frei genommen. Ich glaube, er hat eine neue Flamme."[1]

Klaus Meier nimmt den Zettel mit der Telefonnummer und ruft den Kunden an. Nach zwei Minuten beendet er das Gespräch und sagt zu seiner Tochter:

„Herr Wagner bringt den Wagen am Montag und holt ihn am Freitag wieder ab. Am Samstag möchte er bei der Sommer-Rallye vom Oldtimer-Club mitfahren. Kann ich mich auf euch verlassen?"

„Papa! Zur Sicherheit kannst du uns ja noch ein Kindermädchen bestellen."

„Apropos Kindermädchen: Ich hole jetzt Iris, dann packe ich meine Koffer und um sechs Uhr treffen wir uns bei Leo zum Abendessen, o.k.?"

„Geh lieber gleich Koffer packen, Paps. Iris ist bei Anna. Ich räume die Werkstatt noch auf und dann schließe ich unsere Oldtimer-

❯Ü3 Klinik. Bis später!"

---

1 *eine neue Flamme haben*: ugs. für *eine neue Frau kennenlernen, die einem sehr gut gefällt*

2

An einem langen Tisch neben der Küche sitzen Klaus Meier und seine Tochter Veronika, ihre Tochter Iris, Anna und Leo.
„Leo & Co." ist ein gemütliches Lokal, in dem man gut und preiswert essen kann. Leo ist Maler, aber er ist auch ein leidenschaftlicher Koch. Vor ein paar Jahren hat er sein Hobby zum Beruf gemacht. Anna jobbt in Leos Kneipe und finanziert so ihr Studium.

Heute ist ein besonderer Anlass. Die beiden Freunde Klaus und Leo machen ab morgen eine Woche Ferien in den Bergen. In dieser Zeit organisiert Anna die Kneipe und Veronika die Werkstatt – beide sind zum ersten Mal Chefinnen!
„Auf unsere Urlaubsvertretung!" Leo hebt sein Glas und prostet seinen Gästen zu.
„Zum Wohl!"
„Prost!"
„Schöne Ferien!"
„Passt auf euch auf!"
Alle rufen durcheinander und lachen.

❯Ü4

11

Eine Stunde später sitzen Klaus und Leo allein am Tisch.
Leo hat eine Landkarte geholt.
„Wo ist denn dieser Walchensee?"
„Warte mal. Hier. Siehst du? Wir fahren mit dem Zug nach Kochel
und von dort mit dem Bus nach Walchensee."

„*Zum* Walchensee!"

„Nein, *nach* Walchensee. Der Ort heißt genau wie der See. Und unser Hotel heißt „Seeblick", damit du es genau weißt."

Klaus Meier lacht. Er hat die Reise organisiert. Eine Woche Wandern, Radfahren, Bewegung in der frischen Luft.

„Unsere erste Tour ist eine Rundfahrt um den See."

„Mit dem Bus?"

„Nein, mit dem Fahrrad!"

„Und dann kommt ein Ruhetag, oder?"

„Nein, dann kommt unsere erste Bergtour."

Klaus Meier sucht auf der Karte.

„Hier! Von Walchensee gehen wir auf den Herzogstand."

„Gehen? Wieso gehen? Hier gibt es doch eine Seilbahn!"
„Leo! Wir wollen doch eine Woche Fitness-Urlaub machen.
Bewegung …"
„… in frischer Luft, ich weiß."
„Hast du schon gepackt?"
„Natürlich! Wie besprochen: wenig Gepäck, bequeme Kleidung,
Wanderschuhe und die neuen Wanderstöcke."
„Prima! Dann gehen wir heute mal früh ins Bett, der Wecker
❯Ü5 klingelt morgen um sechs Uhr!"

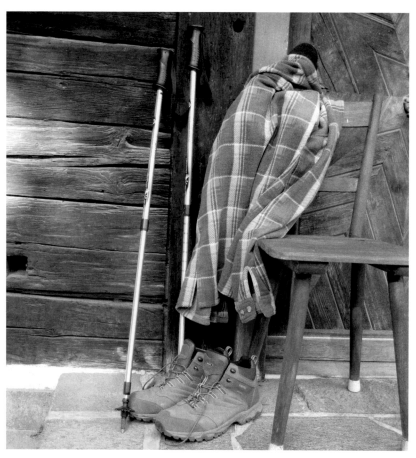

3

Die beiden Freunde haben die beiden ersten Ferientage in München verbracht.

„Eine Stadt lernt man am besten zu Fuß kennen", hat Klaus Meier gesagt.

Und nach ihrer Ankunft am Samstagnachmittag sind sie zwei Tage kreuz und quer durch München gelaufen. Sie haben viele Sehenswürdigkeiten besucht: den Marienplatz, den Dom, die Residenz, den Englischen Garten, das Olympiastadion, und alles zu Fuß! Leo war froh, als sie am Sonntagabend endlich in ihrem Hotel „Seeblick" in Walchensee waren.

Montagmorgen, 7 Uhr.

„Leo! Leo!"

Klaus Meier klopft an die Tür von Leos Zimmer.

Nichts rührt sich.

Er klopft noch einmal. Dann drückt er vorsichtig die Klinke runter.
Die Tür ist offen. Leo schläft.

Klaus geht zum Bett und schüttelt Leo an der Schulter.

„Leo! Aufwachen!"

Leo dreht sich langsam um und öffnet die Augen. Zuerst sieht er
auf die Uhr, dann zu Klaus.

„Bist du verrückt? Es ist sieben Uhr! Was willst du mitten in der
Nacht?"

„Aufstehen, Leo! Wir wollen heute um den Walchensee ra-
deln!"

„Oh, Mann! Ich bin noch ganz kaputt von dem Marathon durch
München. Lass mich noch ein bisschen schlafen."

„Dann fahre ich allein! Ich gehe jetzt runter zum Frühstücken und
⦿Ü6 in einer halben Stunde fahre ich los! Gute Nacht!"

16

„Hoffentlich sieht mich keiner! Ich weiß nicht, wann ich zum letzten Mal Fahrrad gefahren bin!"

Leo sieht wirklich ein bisschen komisch aus mit seinen engen Fahrradhosen, dem viel zu engen T-Shirt und dem Fahrradhelm auf dem Kopf. Er setzt sich auf das schicke Mountainbike und fährt vorsichtig ein paar Meter.

„Ich glaube, ich werde seekrank! Das ist ja wie auf einem Pferd!"

Er hält neben Klaus und steigt ab.

„Das schaffst du schon, Leo. Sieh mal hier."
Leo liest die Karte und lacht:
„Ich brauche keine Badesachen und die Brotzeit vergesse ich nie!"
Er nimmt seinen Rucksack. Die beiden Freunde fahren los.

Wanderge

Walchenseeumfahrung
26,5 km, 90 Höhenmeter, Streckenverlauf: Walchensee – Einsiedl – dann

Walchensee

Herzogstand 1730 m
Martinskopf 1674 m

H

⊠ Herzogstandhaus

● Fahrenberg 1620 m

H

H2

Kochelsee

trimini

JO

B 11

6

P

P

Urfeld

Walchensee 802 m

Landschaftsschutzgebiet
(einschließlich Uferstreifen)

W3

5

Sachenbach

W2

Breitort

Sassau
(NSG mit Betretungsverbot)

P

W2

Niedernach

...enbach – Urfeld – Walchensee. Badesachen und Brotzeit nicht vergessen.

„Einen Kaffee? Den habe ich gerade frisch gemacht!"
„Ja, gern!"
Veronika und Ralf sitzen in der Werkstatt ‚Meier & Meier' und
planen die Woche.

„So, was haben wir denn da: Der Peugeot, Inspektion und TÜV.
Dann der VW Golf, da gibt es Probleme mit den Bremsen.
Morgen kommt Frau Thielen mit dem Mercedes-Kombi, sie

hatte einen Unfall mit Blechschaden[2]. Mittwoch Inspektion beim BMW von Dr. Mertens und am Donnerstag bringt Paco den Lieferwagen."

„Eine volle Woche", sagt Ralf und trinkt seinen Kaffee.

„Ja. Aber das Beste kommt noch, speziell für dich: Ein Jaguar E-Type, einmal General-Check!"

„Meinst du vielleicht den da?"

Im selben Augenblick fährt Herr Wagner den Oldtimer in den Hof.

„Mann! Das ist ein Wagen! Der kostet gut und gern hunderttausend Euro!"

„So viel?" Veronika geht zur Tür.

10

❍Ü7-8

Herr Wagner trinkt noch einen Kaffee in der Werkstatt, dann kommt das Taxi.

Ralf sitzt im Jaguar und streicht sanft über das Lenkrad.

„Von so einem Auto habe ich schon als kleiner Junge geträumt: Jaguar E-Type! Hast du den Sound gehört? Musik! Musik!"

„Ist ja gut, Ralf, krieg dich wieder ein.[3] Typisches Angeberauto. Da passt ja nicht mal ein Kindersitz rein."

„Kindersitz? Hast du jemals James Bond mit einem Kindersitz im Auto gesehen?"

„... oder Einkaufstüten!"

„Ach, ihr Frauen seid immer so praktisch. In so ein Auto passt ein Mann wie ich mit einer schönen Frau an einem warmen Sommerabend."

„Agent 007, entschuldigen Sie, dass ich Ihre Träume störe, aber die Arbeit wartet! Und der Wagen muss auch noch einen Tag früher fertig sein."

---

2 *der Blechschaden*: Das Auto ist nur an der Karosserie kaputt, nicht am Motor
3 *krieg dich wieder ein*: ugs. für *beruhige dich wieder*

Dienstagmorgen.

Klaus Meier trinkt seinen Kaffee und freut sich auf das große Frühstück: Orangensaft, Obstsalat, Brötchen, Schinken, ein weiches Ei und Marmelade. Er schneidet ein Brötchen auf und streicht Butter darauf.

Leo kommt in den Frühstücksraum. Er sieht ziemlich müde aus. Seine Haare sind noch nass und er ist nicht rasiert.

„Morgen", murmelt er und gießt sich eine Tasse Kaffee ein.

„Guten Morgen, mein Freund! Hast du gut geschlafen?," fragt Klaus Meier fröhlich.

„Klaus, eine Bitte: Sei ein paar Minuten ganz still, bis ich aufgewacht bin, o.k.?"

„Paah!" Klaus Meier ist beleidigt und holt sich eine Tageszeitung. Demonstrativ blättert er sie auf und verschwindet dahinter.

„Mir tut jeder Knochen weh. Und meine Beine. Wollen wir nicht lieber mit der Seilbahn nach oben fahren?"

Jetzt legt Klaus Meier die Zeitung weg.

„Lieber Sportsfreund, das beste Rezept gegen Muskelkater ist Weitermachen! Du musst in Bewegung bleiben! Und wir sind

hier ja nicht auf einem Seniorenausflug. Treffen wir uns in einer Viertelstunde vor dem Hotel?"

„In einer halben, ich muss erst noch frühstücken!"

„Alles, was du jetzt isst, musst du nachher den Berg hochschleppen", lacht Klaus.

„Oh Mann! Du kannst einem wirklich den Appetit verderben. Also gut, in einer Viertelstunde."

Leo trinkt seinen Kaffee aus und macht sich noch schnell zwei Brötchen.

„Ist es noch weit?"

„Nein, wir sind gleich da."

„Aber wir sind doch schon viel länger als zwei Stunden unterwegs."

„Leo, es kommt nicht darauf an, wie lange wir unterwegs sind, sondern wie schnell. Aber es ist wirklich nicht mehr weit. Da oben sieht man schon das Herzogstandhaus."

„Prima! Da trinke ich gleich mal ein Weißbier! Schön kühl und ...‟

„Nichts da!⁴ Unsere Pause machen wir auf dem Gipfel. Auf dem Herzogstandgipfel gibt es einen Pavillon, da machen wir Brotzeit. Die Aussicht ist phantastisch!"

„Das dauert bestimmt noch mal eine Stunde!"

„Nein, höchstens eine halbe. Motz⁵ nicht dauernd, spar dir deine Luft."

„Das kenne ich schon. Im Plan steht: ‚Aufstieg zwei Stunden' und in Wirklichkeit braucht man drei. Und zum Gipfel noch mal eine, dann sind es vier. Und wenn wir wieder absteigen, sind wir um Mitternacht zu Hause."

„Leo!"

---

4 *Nichts da*: ugs. für *nein*
5 *motzen*: ugs. für *meckern, schimpfen*

24

Dienstagmittag.

Eine Stunde später sitzen die beiden Freunde auf dem Gipfel. Die
Fernsicht ist an diesem Tag wirklich phantastisch: Im Norden sieht
man die oberbayerischen Seen, den Ammersee und den Starn-
berger See, und im Hintergrund die Silhouette von München,
obwohl die Stadt 75 Kilometer entfernt ist. Im Süden reicht das
Panorama der Berge fast bis Italien. Im Südwesten zeigt Klaus
Leo das Wettersteingebirge mit Deutschlands höchstem Berg,
der Zugspitze.

Leo ist beeindruckt. Er sieht in alle Himmelsrichtungen und sagt
immer nur: „Toll!"

Die beiden packen ihre Brotzeit aus und machen Pause.

Dann holt Leo seinen Zeichenblock aus dem Rucksack und skiz-
ziert mit schnellen Strichen das Bergpanorama.

„Ich kann nicht mehr!"

„Langsam, Leo. Es ist nicht mehr weit."

„Das kann ich nicht mehr hören! Wir sind seit fast acht Stunden unterwegs. Eigentlich sollten wir längst wieder im Hotel sein. Ich brauche eine Pause!"

„Leo, bitte geh weiter. Es wird bald dunkel und dann wird es noch schwieriger mit dem Abstieg. Ich gehe neben dir. Wir schaffen das schon."

„Hast du noch etwas zu trinken?"

„Nein, leider nicht. Stell dir einfach ein Weißbier im Hotel vor."

Schritt für Schritt gehen die beiden ins Tal.

Vor einer Stunde haben sie die letzten Touristen gesehen. Familien mit Kindern, die wie kleine Kängurus ins Tal hüpften. Aber auch alte Leute haben sie überholt: braun gebrannt und fit.

Zwei Stunden später sind sie endlich im Hotel.

Die Tour hat fast neun Stunden gedauert. Im Reiseführer waren sechseinhalb vorgesehen.

Aber die beiden Freunde haben viele Pausen gemacht. Anfangs hat Leo viel gezeichnet, denn jede Aussicht war beeindruckend: die vielen Berggipfel, die Weite, die bizarren Bäume. Später hat Leo die Pausen gebraucht. Seine Kondition war erschöpft.

„Ich freue mich jetzt auf eine deftige Brotzeit[6]!", sagt Klaus und geht in Richtung Restaurant.
„Na, dann guten Appetit Ich nehme ein heißes Bad und dann gehe ich schlafen."
„Komm, Leo! Die Brotzeit ist doch das Schönste nach einer Bergtour."
„Mir war das einfach zu anstrengend, ich bin fix und fertig.[7] Und der Appetit ist mir auch vergangen."
„Also gut. Wir gehen zuerst aufs Zimmer, machen uns frisch und treffen uns in einer halben Stunde zum Abendessen."
„In einer Stunde! Ich brauche zuerst ein heißes Bad."
„O.k., aber schlaf nicht in der Wanne ein!" ❱Ü9

6 *Brotzeit*: bayerisch für *Vesper, Imbiss*   7 *fix und fertig sein*: ugs. *völlig erschöpft sein*

7

„Ich nehme die Brotzeitplatte[8] und ein Bier, bitte."
„Und was hätten Sie gern?", fragt die Bedienung.
„Ich hätte auch gern die Brotzeitplatte und eine große Apfelschorle."
„Und zum Nachtisch einen Kaiserschmarren", sagt Klaus.
„Eine gute Wahl", lächelt die Bedienung. „Sehr gern!"

„Sieh mal, für morgen habe ich uns eine leichte Tour ausgesucht. Wir fahren mit dem Bus nach Urfeld und von da steigen wir ..."
„Oh nein. Du steigst!"
„Was soll das denn?" Klaus faltet die Wanderkarte zusammen und sieht Leo an.
Leo hat die Arme vor der Brust verschränkt und sagt:
„Ich komme nicht mit! Morgen ist mein freier Tag. Keine Bergtour, keine Radtour, gar keine Tour! Ich setze mich an den See und zeichne. Du kannst mich gern begleiten."
Und bevor Klaus etwas erwidern kann: „Bewegung in frischer Luft ist unser Urlaubsmotto und nicht Hochleistungssport!"

„Hat es Ihnen geschmeckt?"
Die Hotelbesitzerin kommt an den Tisch.
„Ja, ausgezeichnet. Ich habe noch nie so einen guten Kaiserschmarren gegessen," sagt Klaus. „Bestimmt ein altes Familienrezept, nicht wahr?"

8 *die Brotzeitplatte*: *bayerisch*: eine kalte Mahlzeit, meist Brot, Wurst, Schinken, Käse

„Nein, nein. Kaiserschmarren geht ganz einfach. Möchten Sie vielleicht das Rezept?"

„Gern! Einen Moment bitte." Klaus holt Bleistift und Papier aus seiner Jacke.

❯Ü10 15

Kaiserschmarren vom Hotel Seeblick, Walchensee.

„... mit Puderzucker. Prima! Das probiere ich gleich aus, wenn ich wieder zu Hause bin, herzlichen Dank!"

Die Hotelbesitzerin lächelt und geht.

„Das probiere ich gleich aus, wenn ich wieder zu Hause bin ..."

Leo imitiert die Stimme von Klaus und lacht. „Hast du schon jemals in deinem Leben gekocht?"

„Mit dir rede ich doch gar nicht mehr! Ich dachte, du bist müde?"

„Stimmt! Ich gehe jetzt ins Bett und morgen an den See. Du kannst ja Rezepte aufschreiben. Die Wirtin kennt bestimmt noch mehr. Ha, ha, gute Nacht", lacht Leo, steht auf und verlässt den Tisch.

Klaus bekommt einen knallroten Kopf und schimpft:

„Von mir aus können wir auch früher nach Hause fahren, wenn der Herr Meisterkoch schon nach zwei Tagen kaputt ist!"

8

Mittwoch.

„Guten Morgen!"

„Guten Morgen. Ach, entschuldigen Sie bitte, hat Herr Meier schon gefrühstückt?"

„Ja! Der ist ungefähr vor einer halben Stunde mit dem Bus nach Kochel gefahren."

„Was macht er denn da?"

„Ich glaube, er besucht das Franz-Marc-Museum, jedenfalls wollte er die Öffnungszeiten wissen."

„Danke schön. Kann ich auf der Terrasse frühstücken?"

„Aber gern!"

Leo geht auf die Terrasse und genießt den wunderschönen Blick auf den See.

Er hat großen Appetit, frühstückt lange, liest die Zeitung und schreibt Postkarten. Ü11

Am Nachmittag geht er zum See. Er hat einen großen Strohhut auf dem Kopf, eine Decke unter dem Arm und im Rucksack Papier und Farben.
Am Seeufer sucht er einen Platz ohne Touristen.
Lange betrachtet er das Panorama, dann packt er seine Malsachen aus.

„Ralf!"

Keine Antwort. Veronika geht in die Werkstatt und ruft noch einmal: „Ralf!"

Wieder keine Antwort.

„Wo steckt der bloß", denkt sie und geht ins Büro.

Dann hört sie:

„Um sieben? Sehr gut. Ich muss jetzt Schluss machen, Süße, bis später!"

„Ach, hier steckst du!"

„Entschuldige, Veronika. Ich musste noch einen wichtigen Termin für heute Abend klar machen."

„Schon gut, Ralf. Ich wollte nur sagen, dass ich heute etwas früher weg muss. Wir machen einen Spieleabend bei uns und ich muss noch einkaufen."

„Kein Problem, Chefin. Geh nur."

„Ist der BMW von Doktor Mertens fertig?"

„Klar! Er holt ihn um fünf. Hast du die Rechnung schon vorbereitet?"

Meier & Meier Kfz-Werkstatt
Reparatur und Restauration

Herrn
Dr. Lutz Mertens
Rothenbaumchaussee 113
0148 Hamburg

Rechnung

Nummer	RE-200804/4494
Ihre Nummer	201102
Datum	16.04.
Bezeichnung	Rechnung

Ihr Zeichen	**Ihre Bestellung**	**Unser Zeichen**	**Unsere Nachricht**
Ir. Dr. Mertens		114	Fr. Meier

„Ja, liegt auf dem Schreibtisch. Und was ist mit dem Jaguar?"
„Auch fertig! Ich mache noch eine kleine Probefahrt und morgen
kann Herr Wagner sein Schmuckstück abholen."
„Prima! Und sperr bitte alles ab."
„Mach ich! Viel Spaß!"

9

Mittwochabend.

Um zwanzig Uhr verlassen vier Männer das Restaurant ‚Il Moulino'. Sie stehen vor dem Lokal und verabschieden sich.

„Meine Herren, lieber Martin, ich finde, wir haben heute einen großen Schritt für unser Projekt geschafft. Besten Dank für Ihren Besuch und eine gute Heimfahrt."

„Ich muss danken, Herr Wagner. Es war ein harter Arbeitstag, aber mit sehr guten Ergebnissen. Und wenn wir Erfolg haben, dann kann sich jeder von uns bald so ein Spielzeug leisten."

Der Mann im Anzug lacht und zeigt auf einen dunkelgrünen Jaguar E-Type am Straßenrand.

„Günther, der sieht genauso aus wie deiner", lacht Martin.

Günther Wagner lacht nicht. Sofort hat er die Autonummer erkannt.

„Das ist meiner", sagt er und holt sein Handy aus der Jackentasche. ❯Ü12

„Entschuldigen Sie mich bitte einen Augenblick." Er wählt eine Nummer und geht ein paar Schritte zur Seite.

20

❯Ü13

Günther Wagner schaltet das Handy aus und geht zu seinen Geschäftsfreunden zurück.

„Ist alles in Ordnung, Günther?"

„Ja, ja, danke, Martin. Ah, da kommen eure Taxis." Die Männer verabschieden sich und Günther Wagner wartet auf seine Frau.

Fünf Minuten später kommt das Taxi. Anke Wagner steigt aus.
„Sieh mal!", sagt ihr Mann. „Ist das nicht eine schöne Überraschung?"
„Das ist ja unser Jaguar! Was macht der denn hier? Ich dachte, der ist in der Werkstatt!"
„Das dachte ich auch. Hast du den Schlüssel? Komm, wir machen eine kleine Rundfahrt."

„... drei, vier, fünf! Ich bin im Haus! Gewonnen!"
„Prima! Schon wieder. Ich habe kein Glück im Spiel", ruft Anna.
„Pech im Spiel, Glück in der Liebe! Wie ein altes Sprichwort sagt", lacht Paco.

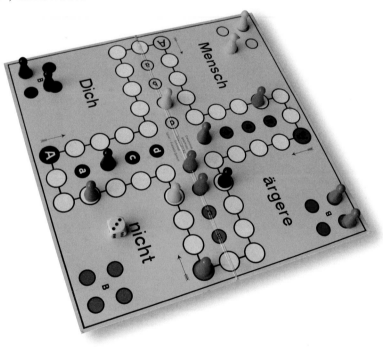

Anna und Paco machen zusammen mit Veronika und ihrer kleinen
Tochter Iris einmal im Monat einen Spieleabend. Alle bringen
etwas zum Essen und Trinken mit.
Heute spielen sie ‚Mensch-ärgere-dich-nicht'.
Meistens gewinnt Iris.
„So, mein Schatz, jetzt ist es Zeit fürs Bett. Schon halb neun!"
„Nein, Mama, ein Spiel noch, bitte!"
„Auf keinen Fall. Morgen früh um acht ist Kindergarten."
„Dring! Dring!"
„Ich geh schon!" Schnell läuft Iris zum Telefon.
„Iris Meier, hallo? Opa! Opa, ich habe gewonnen!"
Anna und Paco rufen: „Sag den beiden Wanderern schöne
Grüße von uns!"
Veronika geht zum Telefon.
„Tschüs, Opa, ich geb dir Mami."

22

❯Ü14
❯Ü15

⑩

Immer noch Mittwochabend.

„Ein herrlicher Abend! Wollen wir noch eine kleine Rundfahrt machen?"

Ralf hält seiner blonden Begleiterin die Tür auf. Zu ihrem ersten Rendezvous hat er sie in den ‚Goldenen Drachen' eingeladen. Er reicht ihr die Hand und zusammen gehen sie über die Straße zum Auto.

„Wo habe ich denn geparkt?"

„Das war schon hier", sagt die junge Frau.

„Nein, ich glaube weiter vorne." Ralf lässt ihre Hand los und geht schnell die Straße entlang.

„Du verwirrst meine Sinne, Süße." Er läuft in die andere Richtung.

Ralf ist jetzt ziemlich aufgeregt. Er schwitzt.

„Du hast genau hier geparkt. Und wenn der Wagen nicht mehr da ist, hat ihn wohl jemand geklaut. Ich würde die Polizei rufen. So ein Auto fällt doch auf."

„Polizei?! Du meinst ...? Nein, das geht nicht! Das ..."

„Das ist gar nicht dein Wagen, oder?"

„Doch! Nein, ich habe ihn ausgeliehen. Er gehört einem Freund", antwortet Ralf kleinlaut.

„Dann ruf deinen Freund an."

„Das geht auch nicht, Süße, das ist etwas kompliziert."

„Petra! Ich heiße Petra. Weißt du was? Du suchst jetzt in Ruhe dein Angeberauto und ich nehme ein Taxi. Mach's gut – Süßer!"

„Dring! Dring!"
„Das ist bestimmt noch mal Opa! Er will mir ‚gute Nacht' sagen."
„Iris! Sofort ins Bett!"
Aber Iris nimmt schon den Hörer ab:
„Iris Meier!" Nach einer kleinen Pause gibt sie das Telefon ihrer Mutter.
„Für dich. Es ist Ralf."
„Ralf?"
„Hallo, Veronika, entschuldige die Störung, aber es gibt ein Problem."
„Einen Moment bitte."
„Gute Nacht, Iris. Ich komme nachher noch mal zu dir!

Ü16

Veronika Meier zieht sich Schuhe an und läuft schnell die Treppe runter zur Werkstatt. Sie sperrt die Tür zum Büro auf und macht Licht in der Halle. Kein Jaguar. Ralf hat keinen Witz gemacht. Der Jaguar ist weg.

Sie geht zum Telefon und blättert im Telefonbuch: Polizei 110. Oder soll sie zuerst ihren Vater anrufen?

Sie macht das Licht aus, sperrt die Tür wieder zu und geht nach oben in die Wohnung.

„Wo warst du denn? - Du siehst ja furchtbar aus! Was ist passiert?"

Anna steht im Wohnzimmer und räumt das Mensch-ärgere-dich-nicht-Spiel auf.

„Er ist weg."

„Wer ist weg?", fragt Anna. „Ralf?"

„Quatsch! Der Wagen. Dieser Idiot fährt mit dem Jaguar spazieren und jetzt ist er weg!"

„Gestohlen?"

„Sieht so aus. Und morgen Mittag kommt Herr Wagner. Was soll ich ihm denn sagen? – Pah!"

„Die Wahrheit. Sag, dass der Wagen gestohlen worden ist. Ihr seid doch versichert," mischt sich Paco ein.

„Ja, wir sind versichert. Aber der Wagen war nicht in der Werkstatt. Ralf hat ihn ausgeliehen."

„Mist!"

Veronika holt tief Luft: „Ich rufe jetzt besser die Polizei an. Und dann meinen Vater. Aber wenn der die Geschichte erfährt, schmeißt er Ralf sofort raus."

„Wann kommt der Besitzer?"

„Morgen Mittag."

❱Ü17 „Dann haben wir ja noch ein bisschen Zeit zum Überlegen."

44

11

Donnerstagmorgen.

„Rrrring! Rrring!"

Müde sucht Anna den Wecker. Endlich findet sie den richtigen Knopf und schaltet den Wecker aus.

7 Uhr 30. Sie hat heute Frühschicht in der Kneipe. Schnell steht sie auf und geht unter die Dusche. Auf dem Weg zur Kneipe kauft sie frische Brötchen.

Anna kocht Kaffee, deckt ein paar Tische, richtet kleine Teller mit Brötchen, Wurst und Käse her. Es gibt viel zu tun. Um neun Uhr öffnet Leos Kneipe. Wenig später kommen die ersten Frühstücksgäste.

Das Telefon klingelt.

„Hallo, Anna! Morgenstund hat Gold im Mund!⁹"

„Leo! Seid ihr schon beim Wandern?"

„Nein, ich bin am See. Seit fast einer Stunde! Die Morgenstimmung ist so schön."

„Und Klaus?"

„Keine Ahnung. Vielleicht schläft er noch. Wir hatten einen Streit und gestern habe ich ihn nicht gesehen. Ich wollte dir nur sagen, dass wir heute nach Hause kommen."

Anna antwortet nicht.

„Anna? Hallo? Bist du noch da?"

„Ja, ja, Leo. Ich glaube, ich muss dir was sagen. Ich mache es kurz

---

9 *Morgenstund hat Gold im Mund*: Sprichwort: am Morgen kann man gut arbeiten, frühes Aufstehen lohnt sich

und knapp, die ersten Gäste kommen bald. "
Anna erzählt vom gestohlenen Jaguar. Leo hört ruhig zu.
„Veronika ist ganz verzweifelt. Was sollen wir denn tun?"
„Wartet mal ab. Ich melde mich noch mal. Tschüs, bis später!"

Leo geht schnell vom See zum Hotel zurück. Er sieht kurz in
den Frühstücksraum: leer. Dann reißt er ein Blatt Papier aus dem
Zeichenblock und schreibt:

Lieber Freund!
Wollen wir uns wieder vertragen?
Um neun Uhr 30 Frühstück, dann mit
dem Bus nach Urfeld und eine gemüt-
liche Tour auf den Jochberg?
Dein Leo

Er schiebt das Blatt unter die Zimmertür von Klaus Meier, klopft und geht schnell auf sein Zimmer.
Vor dem Frühstück muss er noch zwei wichtige Telefonate erledigen.

27
❯Ü18
❯Ü19

Die beiden Freunde sitzen auf der Terrasse der Jocheralm und sehen auf den Kochelsee hinunter.

„Sag mal, Leo, was ist dieser Herr Wagner eigentlich für ein Typ?"

„Warum fragst du? Macht er Ärger?"

„Nein, nein. Aber er hat gestern für viel Aufregung gesorgt."

„Wieso?"

„Der Jaguar war plötzlich weg. Er hat ihn unangemeldet geholt! Und Ralf wollte noch eine Testfahrt machen."

„Er ist vielleicht ein bisschen ungeduldig, aber sonst recht nett. Hat Veronika angerufen?"

„Ja. Weißt du, Veronika ist eine gute Tochter. Sie erzählt mir alles."

„Vertrauen ist sehr gut! Dann können wir auch in Zukunft beruhigt zum Wandern fahren, oder?"

„Richtig! Auf geht's, wir haben noch einen langen Rückweg vor uns."

ENDE

KAPITEL 1

1 Hören Sie: Was ist richtig? Kreuzen Sie an.

a ☐ Klaus Meier hat eine Kfz-Werkstatt.
  ☐ Klaus Meier ist der Präsident vom Oldtimer-Club.

b ☐ Günther Wagner muss für die Sommer-Rallye fit sein.
  ☐ Der Jaguar von Günther Wagner muss für die Sommer-Rallye fit sein.

c ☐ Günther Wagner hat Probleme mit seinem Jaguar.
  ☐ Günther Wagner möchte während der Rallye keine Probleme mit seinem Jaguar bekommen.

d ☐ Klaus Meier soll den Jaguar reparieren.
  ☐ Klaus Meier soll den Jaguar überprüfen und eine Inspektion machen.

2a Ergänzen Sie.

> Sommer • Garantie • Jaguar • 1963 • Präsident •
> Wagen • Problem

„Meier & Meier, Kfz-Werkstatt, guten Tag."

„Guten Tag, mein Name ist Wagner, Günther Wagner. Ich habe Ihre Adresse von einem Freund bekommen. Ich bin der _____ vom Oldtimer-Club und ich habe ein _____."

„Wie kann ich Ihnen helfen?"

„Also, in einer Woche haben wir unsere _____-Rallye und da muss mein Wagen fit sein."

„Was für einen Oldtimer haben Sie denn?"

„Ich habe mehrere, aber die Rallye möchte ich mit meinem _____ fahren."

„Welcher Typ?"

„Es ist ein Jaguar E-Type, Roadster."

„Baujahr?"

„——————."

„Schöner Wagen. Und was kann ich für Sie tun?"

„Der _____ muss in einem Topzustand sein! Ich möchte
bei der Rallye keine Probleme mit dem Wagen bekommen."

„Tja, Herr Wagner, bei alten Autos gibt es dafür leider keine

_____."

„Ich möchte, dass Sie eine General-Inspektion machen. Geht das?"

„Geben Sie mir bitte Ihre Telefonnummer. Ich kläre das und rufe Sie
zurück."

2b Hören Sie noch einmal und vergleichen Sie.

3 Ergänzen Sie.

1. Klaus Meier möchte [a] nächste Woche in die Berge fahren.
                            [b] morgen in die Berge fahren.
                            [c] zwei Wochen in die Berge fahren.

2. Um den Jaguar [a] wird sich Ralf kümmern.
                      [b] wird sich Veronika kümmern.
                      [c] wird sich Herr Wagner kümmern.

3. Der Jaguar muss [a] am Montag fertig sein.
                     [b] am Samstag fertig sein..
                     [c] am Freitag fertig sein.

KAPITEL 2

4 Was wissen Sie über die Personen? Sammeln Sie.

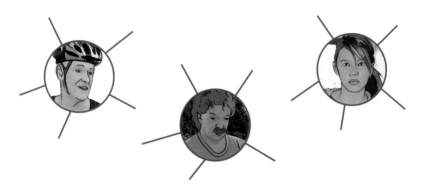

5 Klaus und Leo planen ihre Ferien. Wohin fahren sie? Was machen sie am ersten Tag, was am zweiten? Markieren Sie auf der Karte.

KAPITEL 3

6 Beantworten Sie die Fragen.

1. Was haben Klaus und Leo in München gemacht?

_____

2. Warum sind die beiden zwei Tage lang kreuz und quer durch München gelaufen?

_____

3. Warum soll Leo ,mitten in der Nacht' aufstehen?

_____

KAPITEL 4

7 Hören Sie. Richtig oder falsch? Kreuzen Sie an.

	R	F
1. Veronika Meier ist Juniorchefin.	☐	☐
2. Veronika weiß über den Auftrag nicht Bescheid.	☐	☐
3. Herr Wagner braucht das Auto schon am Donnerstag.	☐	☐

8 Ergänzen Sie die Verben in der richtigen Form.

„Hallo, Herr Wagner!"

„Guten Tag! Ich _____ (mögen) zu Herrn Meier."

„Ich _____ (sein) Veronika Meier, die Juniorchefin."

„Ähm, ihr Vater _____ (sein) nicht da?"

„Nein. Aber ich _____ (wissen) über den Auftrag Bescheid: General-Inspektion bei Ihrem Schmuckstück."

„Hier _____ (sein) die Autoschlüssel."

„_____ (können) ich sonst noch etwas für Sie tun?"

„Ja, bitte rufen Sie mir ein Taxi, ich _____ (müssen) ins Büro."

„Kein Problem. _____ (kommen) Sie doch bitte mit in die
Werkstatt. Ich _____ (haben) frischen Kaffee gekocht."

„Gern. Frau Meier, ich habe aber doch noch ein kleines Problem.
Ich _____ (brauchen) den Wagen schon am Donnerstagmit-
tag, _____ (gehen) das?"

„Ich _____ (glauben) schon. Aber da _____ (fragen)
wir am besten unseren Spezialisten für Oldtimer. Ralf! _____
(Kommen) du bitte mal?"

KAPITEL 6

9 **Der zweite Tag in den Bergen. Schreiben Sie kurze Sätze zu den
   Bildern.**

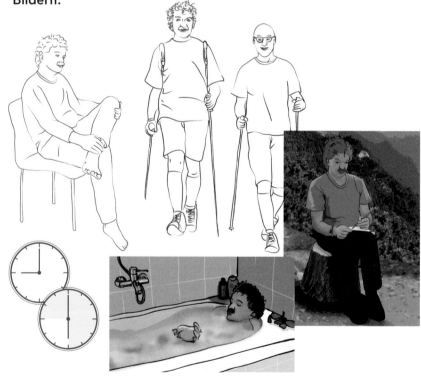

KAPITEL 7

10a Hat Klaus alles richtig verstanden? Hören Sie und vergleichen Sie.

> Kaiserschmarren (Zutaten für 2–4 Portionen)
>
> 3 Eier
> 1 Liter Milch
> 1 TL Zucker
> 500 g Salz
> 350 g Mehl
> 1 EL Rosinen
> 1 Flasche Mineralwasser
>
> Butter oder Margarine zum
> Backen
> Puderzucker zum Bestreuen
> Mineralwasser zum Schluss,
> macht Teig locker
> heiße Pfanne, Teig 54 Minuten
> auf jeder Seite backen

10b Lesen Sie und korrigieren Sie.

„Kann ich anfangen?"

„Ja, ich höre."

„Sie brauchen drei Eier, einen halben Liter Milch, einen Teelöffel Zucker, eine Prise Salz, dreihundertfünfzig Gramm Mehl, Rosinen – wenn Sie Rosinen mögen –, Butter oder Margarine, Puderzucker und ein bisschen Mineralwasser ..."

„Mineralwasser? Kommt das in den Teig?"

„Ja. Das macht den Teig besonders locker. Haben Sie alles notiert?"

„Ja, fertig."

„Das ergibt als Hauptgericht zwei, als Nachtisch vier Portionen. Gut. Jetzt kommt die Zubereitung. Zuerst trennen Sie die Eier. Dann rühren Sie Eigelb, Zucker und Salz mit einem Schneebesen schaumig. Anschließend das Mehl einrühren, bis der Teig dicker wird. Dann geben Sie die Rosinen dazu und am Schluss das Mineralwasser. Wie gesagt, das macht den Teig besonders locker. Haben Sie alles?"

„... am Schluss das Mineralwasser einrühren, macht den Teig besonders locker. Fertig!"

„Nein, noch nicht ganz! Das Eiweiß fehlt noch. Das schlagen Sie steif und heben es vorsichtig unter den Teig. Dann geben Sie Butter oder Margarine in eine Pfanne, lassen das Fett heiß werden und geben den Teig hinein. Backen Sie den Teig, bis er goldgelb ist, so ca. 4-5 Minuten, dann die andere Seite. Zum Schluss zerteilen Sie den Schmarren in kleine Stückchen. Noch etwas Puderzucker darüber und fertig!"

KAPITEL 8

11 Schreiben Sie eine Postkarte. Wählen Sie: Leo –> Anna, Leo –>
Veronika

Postkarte

_____

_____

(Straße und Hausnummer oder Postfach)

_____ _____

(Postleitzahl)   (Bestimmungsort)

KAPITEL 9

12a Sammeln Sie Ideen: Was meinen Sie, warum steht der Jaguar
von Herrn Wagner vor dem Restaurant?

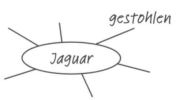

12b Was denken Sie, wen ruft Herr Wagner an? Warum?

Vielleicht ...

13a Ergänzen Sie die Präpositionen.

mit • in • für • In • zu • vor • Im • aus

Anke Wagner soll _____ das Arbeitszimmer gehen. Herr Wagner braucht etwas _____ dem Schreibtisch. _____ der dritten Schublade ist ein Karton. _____ Karton sind viele Schlüssel. Anke Wagner soll _____ einem Taxi _____ ihrem Mann in die Stadt kommen. Er wartet _____ dem Restaurant ,Moulino': Sie soll den Schlüssel _____ den Jaguar mitbringen.

13b Hören Sie und vergleichen Sie mit 13a.

14 Schreiben Sie ein Telefongespräch zwischen Veronika und ihrem Vater Klaus.

Veronika: Hallo, Paps, wie geht es euch?
Klaus: ...
...
...

15a **Hören Sie und markieren Sie die richtige Antwort.**

1. Klaus geht es
   ☐ gut. ☐ nicht so gut. ☐ ausgezeichnet.

2. Er hat heute
   ☐ eine Bergtour gemacht. ☐ eine Radtour gemacht.
   ☐ Er war im Museum.

3. Klaus sagt, Leo geht es
   ☐ gut. ☐ nicht so gut. ☐ ausgezeichnet.

4. Er erzählt seiner Tochter von der Bergtour und Veronika findet
   ☐ das super. ☐ das furchtbar. ☐, dass ihr Vater spinnt.

5. Klaus und Leo kommen
   ☐ heute ☐ morgen ☐ übermorgen nach Hause.

15b **Lesen Sie und vergleichen Sie mit 15a.**

„Hallo, Paps! Wie geht es euch?"
„Mir geht es ausgezeichnet. Ich war heute im Franz-Marc-Museum in Kochel. Ein tolles Museum!"
„Allein?"
„Ja, ich interessiere mich für Kunst, mein Kind."
„Was ist los, Paps? Irgendwas ist doch faul, du gehst nämlich nie ins Museum und schon gar nicht allein!"
„Leo geht es nicht so gut. Ich glaube, er hat sich überanstrengt und ..."
„Oder hast du ihn überanstrengt?", unterbricht Veronika.
„Nein, nein. Die Tour gestern war nur ein bisschen lang."
„Mal ehrlich, Paps, wie lang war sie denn?"
„Na ja, so neun Stunden, aber mit vielen Pausen!"
„Du spinnst! Leo ist älter als du und fast doppelt so schwer. Wo ist Leo jetzt?"
„Keine Ahnung. Ich hab ihn den ganzen Tag nicht gesehen. Ich glaube, er liegt im Bett."
„Und?"
„Wird das jetzt ein Verhör? Ja, wir haben uns gestern Abend gestrit-

ten. Heute hat jeder den Tag allein verbracht und morgen kommen wir nach Hause."

„Morgen?"

„Ja. Was soll ich denn hier machen? Allein macht wandern keinen Spaß. Ist bei euch alles in Ordnung?"

„Klar, alles bestens! – Vertragt euch wieder, Paps, versprochen?"

„Wenn die beleidigte Leberwurst noch mit mir spricht. *Er* will doch nach Hause, hinter seinen Herd."

KAPITEL 10

16a Lesen Sie und hören Sie. Wer sagt was? Markieren Sie (V = Veronika, R = Ralf).

Der Jaguar ist weg. ☐

Ich habe nur eine Probefahrt gemacht und ihn nur kurz geparkt, und dann war er weg! ☐

Es ist meine Schuld. So ein Mist! ☐

Was, bitte, ist passiert? Und keine Märchen! ☐

Vor dem Chinesen, in der Altstadt. ☐

Was sagst du? ☐

Wo hast du ihn geparkt? ☐

16b Schreiben Sie das Gespräch und spielen Sie.

Ralf: _____

Veronika: _____

Ralf: _____

Veronika: _____

Ralf: _____

Veronika: _____

Ralf: _____

17 Was passt zusammen? Ordnen Sie zu.

1. Veronika geht in die Werkstatt und sieht,   **A** mit der Versicherung.

2. Sie sucht im Telefonbuch   **B** Herrn Wagner sagen soll.

3. Sie erzählt Anna und Paco   **C** und ihren Vater anrufen.

4. Es gibt ein Problem   **D** beruhigen Veronika.

5. Veronika weiß nicht, was sie   **E** dass der Jaguar gestohlen ist.

6. Veronika möchte die Polizei   **F** dass Ralf keinen Witz gemacht hat.

7. Anna und Paco   **G** die Nummer von der Polizei.

KAPITEL 11

27

18 Lesen Sie die Fragen. Hören Sie und beantworten Sie die Fragen.

1. Warum ruft Leo Herrn Wagner an? Was möchte er wissen?

2. Wie beruhigt Leo Herrn Wagner?

19 Ergänzen Sie.

informieren • bin • Beruhige • abstellen • sprechen • kann • bringen • passiert • erzählen • willst

„Anke Wagner!"

„Guten Morgen, Anke! Hier ist Leo. Seid ihr schon im Rallye-Stress?"

„Leo! Nein, nein, kein Stress."

„Das ist gut, das ist sehr gut. Stress ist ungesund!"

„Ich glaube, Günther möchte mit dir _____. Tschüs, Leo."

„Du _____ dich sicher für meinen Tipp mit der Werkstatt bedanken, oder?"

„Pass mal auf, mein Lieber, die Werkstatt _____ heute was erleben. Weißt du, was gestern Abend _____ ist?"

„Nein, aber du wirst es mir sicherlich gleich _____."

„Unfassbar! Ich komme aus dem ‚Moulino' und was steht da? Mein Jaguar! Ist das üblich bei dieser Werkstatt, dass die die Autos irgendwo in der Stadt _____? Ich habe gute Lust, die Polizei zu _____."

„Das ist Service, mein Lieber!"

„Wie bitte?"

„Ja, das ist der besondere Service von ‚Meier & Meier'. Die _____ die reparierten Autos immer direkt zum Kunden."

„Mach keine Witze, Leo! Ich _____ stinksauer und das hat Konsequenzen!"

„Stress ist ungesund, Günther! _____ dich und vergiss die ganze Sache. Das klärt sich bestimmt auf."

„Da bin ich aber gespannt!"

„Übrigens, Günther: Bewegung in frischer Luft ist sehr gut gegen Stress! Tschüs, bis Samstag!"

A DER WALCHENSEE

Der Walchensee gehört zu den schönsten und beliebtesten Ferienre-
gionen in Bayern. Von München aus sind es nach Kochel nur 60 km.
Die Feriengäste genießen das große Freizeitangebot. Beliebt ist die

Region vor allem bei Berg-
sportlern und Wassersport-
lern. Aber auch, wenn man
sich für Kultur interessiert,
findet man   interessante
Ziele. Am Walchensee kann
man fast alle Wassersport-
arten betreiben: Angeln,
Tauchen, Schwimmen,
Surfen, Segeln, Bootfahren.
Bergfreunde können wan-
dern und bergsteigen. Das
Angebot reicht von leichten
bis schweren Touren, und auch bei Radlern und Mountainbikern ist
die Gegend sehr beliebt. Der höchste Berg direkt am Walchensee ist
der Herzogstand. Vom Gipfel aus haben Bergwanderer eine fantas-
tische Aussicht.

1. **Lesen Sie noch einmal und beantworten Sie die Fragen.**

In welchem deutschen Bundesland ist die Ferienregion Walchensee?

_____

Welche Sportarten kann man dort machen?

_____

_____

Der Walchensee gilt als Wasserparadies. Er ist mit 16,4 qkm der größ-
te Gebirgssee Deutschlands und mit seiner Tiefe von 197 Metern der
tiefste See in Bayern. Er ist auch ein sehr sauberer See, das Wasser hat

Trinkwasserqualität! Sein Ufer ist unverbaut, d.h. man kann direkt am Ufer entlang rund um den See spazieren oder Rad fahren. Schwimmer und Badegäste finden überall Naturstrände, Ruhe und Erholung. Auch für Kinder ist der See mit den vielen flachen Uferzonen ideal. Einzigartig macht ihn die Lage inmitten hoher Berge. Zu jeder Jahreszeit und bei jedem Wetter entfaltet er eine andere, aber immer faszinierende Atmosphäre. Kein Wunder, dass er auch Künstler und Dichter inspiriert hat.

2. Richtig oder falsch? Lesen Sie noch einmal und kreuzen Sie an.

	R	F
1. Der Walchensee ist der größte See in Bayern.	☐	☐
2. Sein Wasser ist sehr sauber.	☐	☐
3. Am Ufer gibt es viele Hotels.	☐	☐
4. Am Walchensee ist es das ganze Jahr schön.	☐	☐

Geübte und ungeübte Wanderer und Bergwanderer finden in der Region um den Walchensee ein Paradies. Zu den höchsten Bergen gehören der Herzogstand (1731 m), der Heimgarten (1790 m), der Si-

metsberg (1840m) und der Jochberg (1567m). Besonders beliebt ist der Herzogstand, er war auch der Lieblingsberg von Bayerns Märchenkönig Ludwig II. Man kann hinaufwandern oder mit der Schwebebahn fahren. Von oben hat man nach allen Seiten eine herrliche Aussicht auf die Berglandschaft und hinunter ins Tal auf die umliegenden Seen.

Aber auch wenn man nicht wandern oder Wassersport machen möchte, gibt es spannende Freizeitziele. Zum Beispiel das Wasserkraftwerk in Kochel oder das Freilichtmuseum Glentleiten. Dort bekommt man einen Einblick in die vielfältige Architektur und in die ländliche Alltagskultur Oberbayerns. Das Freilichtmuseum sammelt historische Bauten (z.B. Bauernhäuser), d.h. es baut sie am Original-standort ab und in Glentleiten wieder auf.

Künstlermuseen finden sich in Kochel (Franz-Marc-Museum) und Murnau (Gabriele-Münter-Museum und das Schlossmuseum mit Bildern des „Blauen Reiter" und Sonderausstellungen), aber auch Garmisch-Partenkirchen und natürlich München sind eine Reise wert.

3. **Richtig oder falsch? Lesen Sie noch einmal und kreuzen Sie an.**

	R	F
1. Der höchste Berg am Walchensee ist der Herzogstand.	☐	☐
2. Der Herzogstand war der Lieblingsberg von König Ludwig II.	☐	☐
3. Wenn man sich für Kunst interessiert, gibt es auch schöne Museen.	☐	☐

B FRANZ MARC UND DER „BLAUE REITER".

Der Maler Franz Marc wurde 1880 in München geboren und starb 1916, er fiel im ersten Weltkrieg bei Verdun (Frankreich). Franz Marc ist einer der bedeutendsten Maler des 20. Jahrhunderts und Mitbegründer des Expressionismus in Deutschland. Zusammen mit Wassily Kandinsky, Gabriele Münter und anderen gründete er 1911 die Künstlervereinigung „Blauer Reiter". Zu den berühmtesten Bildern von Franz Marc gehören die „Blauen Pferde". Typisch für die Künstler des „Blauen Reiter" ist, dass nicht mehr der Gegenstand wichtig ist, sondern die Bildkomposition, die Farbe und die Form.

4. Beantworten Sie die Fragen.

a Franz Marc hat mit anderen Künstlern eine Vereinigung gegründet. Wie heißt sie?

_____

b Was ist bei den Bildern dieser Maler wichtig?

_____

5. Sie wollen eine Woche Ferien mit einem Freund / einer Freundin machen.

Wohin fahren Sie?   _____

Warum?   _____

Was machen Sie dort?   _____

Übersicht über die in dieser Reihe erscheinenden Bände:

Stufe 1 ab 50 Lernstunden

Gebrochene Herzen	64 Seiten	Bestell-Nr. **49745**
Die Neue	64 Seiten	Bestell-Nr. **49746**
Schwere Kost	64 Seiten	Bestell-Nr. **49747**
Der 80. Geburtstag	64 Seiten	Bestell-Nr. **49748**

Stufe 2 ab 100 Lernstunden

Schöne Ferien	64 Seiten	Bestell-Nr. **49749**
Der Jaguar	64 Seiten	Bestell-Nr. **49750**
Große Gefühle	64 Seiten	Bestell-Nr. **49752**
Unter Verdacht	64 Seiten	Bestell-Nr. **49753**

Stufe 3 ab 150 Lernstunden

Stille Nacht	64 Seiten	Bestell-Nr. **49754**
Leichte Beute	64 Seiten	Bestell-Nr. **49755**